U0568806

"阳光与少年"启蒙教育丛书

新小儿语

高占祥 著

中国人民大学出版社
·北京·

图书在版编目（CIP）数据

新小儿语/高占祥著．—北京：中国人民大学出版社，2014.5
（"阳光与少年"启蒙教育丛书）
ISBN 978-7-300-19301-4

Ⅰ.①新… Ⅱ.①高… Ⅲ.①中华文化－少年读物 Ⅳ.①K203-49

中国版本图书馆 CIP 数据核字（2014）第 097407 号

"阳光与少年"启蒙教育丛书
新小儿语
高占祥　著
Xin Xiao'eryu

出版发行	中国人民大学出版社	
社　　址	北京中关村大街 31 号	邮政编码　100080
电　　话	010-62511242（总编室）	010-62511770（质管部）
	010-82501766（邮购部）	010-62514148（门市部）
	010-62515195（发行公司）	010-62515275（盗版举报）
网　　址	http://www.crup.com.cn	
	http://www.ttrnet.com（人大教研网）	
经　　销	新华书店	
印　　刷	北京易丰印捷科技股份有限公司	
规　　格	180 mm×210 mm 16 开本	版　次　2014 年 5 月第 1 版
印　　张	7.25	印　次　2015 年 6 月第 2 次印刷
字　　数	49 000	定　价　21.00 元

版权所有　　侵权必究　　印装差错　　负责调换

出版说明

　　中华民族有着悠久的优秀文化传统，这一文化传统对于中华民族的成长壮大，对于推动中国社会的发展，都起着极为重要的作用，是中华民族生生不息、发展壮大的内在思想源泉。中华文明绵延数千年而不衰，原因固然很多，但其中一个很重要的原因，就是我们有着共同的、优秀的文化传统。它具有强大的民族凝聚力，只要是华夏儿女，无论是生活在祖国的大地上，还是远离祖国，都忘不了这种传统，它像我们祖先的血液一样，流淌在我们每一个中国人的血管中，振奋着我们的民族精神，激荡着我们的民族情怀。

　　在数千年的历史积淀中，中华传统文化形成了博大精深的思想体系，它包含着：心忧天下、天下为公的公义思想；天下兴亡、匹夫有责的家国情怀；崇德弘毅、厚德载物的人文取向；仁爱共济、立己达人的博大胸怀；正心笃志、宁静致远的人格追求；以及以爱国主义为核心的团结统一、爱好和平、勤劳勇敢、自强不息的民族精神……中华优秀传统文化的生命光辉，展示了宽广的包容之力、厚重的承载之力和连绵不绝的新生之力。这样一种文化价值体系，在别的国家是很少见的。这些中华传统文化的特殊标志，也是整个人类文明孜孜以求的理想梦园。

今天，提倡大力弘扬中华传统文化有着十分重要的现实意义：

首先，社会的现代化带来了价值观念的冲突。作为意识形态的价值思想体系是生产关系的集中反映，新的生产关系的建立必然要伴随新的价值思想体系的建立。但是，新价值思想体系的建立不是凭空臆造的，而是在对原有价值思想体系的批判继承中发展起来的。今天，我们提倡弘扬中华传统优秀文化就是要把中华传统价值思想体系中的精华发扬光大，把它和社会主义现代化结合起来。弘扬中华传统美德、承载中华文化底蕴的现代化才是有中国特色的现代化。

其次，西方文化特别是西方价值观对中国社会仍然有着巨大的冲击。对于西方文化，我们不应盲目崇拜，而应加以区分和选择，西方文化中深厚的人文思想、开放意识和进取精神等都是值得我们认真学习和借鉴的，但对于那些反映西方资本主义核心价值的文化理念和文化思潮，我们则要清醒地辨别和剔除，保护我们的下一代健康成长。

再次，当前青少年道德教育的现状迫切需要加强中华传统美德的教育。由于很长一段时间我们认知上的偏差，把中华传统文化都视为封建糟粕，缺少了对中华传统美德的教育。今天我们倡导中华民族的伟大复兴，首先就是要加强对中华传统美德的教育，让青少年懂得几千年来中华民族坚守的孝、悌、忠、信、礼、义、廉、耻等基本价值，学习古圣先贤的道德追求和人生境界，树立正确的价值观和人生观，为中华民族的伟大复兴努力奋斗。

俗语云："教儿婴孩，教妇初来"。儿童天性纯真，善言易入，先入为主，长成之后即不易改变，所以人的善心、信心，须在其幼小时加以培育和长养。在孩童时代，即应教以诵读经典，既培养其智慧和定力，更晓以伦理道德。我们古代的思想家、教育家很懂得这个道理，他们编写的儿童蒙学读物《三字经》、《弟子规》、《千字文》等，一方面让儿童识字学知识，另一方面让儿童把传统美德铭记在心，身体力行，从小养成习惯，古往今来的贤人名士都是自小在这样的启蒙熏陶下砥砺成长起来的。

高占祥同志长期从事青年工作和文化管理工作，一直热切关注广大学生教育工作。他认为：少年儿童的启蒙教育是国家未来所有事业的根基。所以在离开领导工作岗位之后，他将主要精力都投入到儿童和青少年教育事业上。"'阳光与少年'启蒙教育丛书"就是高占祥同志经过多年苦心创作，为少年儿童朋友们送上的一份满载着爱心和厚望的礼物。

这套"'阳光与少年'启蒙教育丛书"的主要特点有四：

一是建基于传统蒙学经典之上，吸取了传统蒙学经典中的精华，以合辙押韵、易读上口的诗文形式将传统美德、经典价值向广大儿童和青少年朋友娓娓道来。

二是融入了鲜明的时代精神，以现代元素升华传统文化，用时代精神弘扬传统美德，将可读性与可行性结合起来，使之更符合时代的特点。

三是将中国传统伦理道德与西方教育理念结合起来，加以融会贯通，使传统文化与现代生活世界的联系、与现代经济社会的融合更为紧密。

四是紧扣这套丛书的创作主旨——"弘扬传统美德，培育阳光少年"，向广大少年儿童传递正能量，以培养少年儿童天真活泼的个性、乐观积极的态度、健康向上的志趣、昂扬振奋的精神，使之从小就树立起担当意识，积极参与社会创造，努力做到"赞天地之化育而与天地参"。

这套丛书的五本启蒙读物中，《新弟子规》、《新小儿语》主要面向四到六岁的儿童；《新三字经》主要针对六到十岁的儿童；《警世贤文》、《处世歌诀》重在人生感悟，主要面向青少年。这五本书中，有四本之前曾经分别出版，这次集结为一套"'阳光与少年'启蒙教育丛书"，内容和注解都作了适当修订，比之前更为完善。

少年强则中国强，少年智则中国智。儿童和青少年的素质，决定了一个民族的明天与未来，少时培养的道德理想，是人生成就和幸福的关键。《论语》有云："士不可以不弘毅，任重而道远。仁以为己任，不亦重乎？死而后已，不亦远乎？"古往今来，凡是对人类发展作出杰出贡献的人，无不具有坚定的理想信念，而且大都立志于少年时期，追求于毕生之中。周恩来在中学时即发出"为中华之崛起而读书"的自我激励。所以少年儿童，从小就应树立弘大的志向。

我们希望借这套丛书，将中国优秀传统文化的精神和内涵传递给广大儿童和青少年朋友，让我们从修养自身的道德开始，"读书志在圣贤"，不断完善自我，做一个懂孝悌、明道义、知廉耻的人，最终成为对家庭、对社会、对民族、对人类有价值的人，成为实现中华民族伟大复兴的中国梦的生力军。

目录

新小儿语

一　小儿篇　／　1

二　父母篇　／　15

三　学校篇　／　31

四　社会篇　／　45

附录一　／　63

附录二　／　73

附录三　／　97

一 小儿篇

小花小草小苗，
叶嫩花鲜枝俏。
阳光雨露滋润，
自然多么美好。

人生有苦有甜，
苦甜相互循环①。
经历风吹日晒，
小树才能参天。

【注释】

① 循环：事物周而复始地运动或变化。

雨后新绿 甲申三月之初为千时江南蓬湖轩

日常生活小事，
早点学会自理。
衣服干净为贵，
休同他人攀比①。

挑食偏食暴食②，
必定肠胃不适。
身体营养失衡，
难有强壮体质。

【注释】

① 攀比：在某些方面盲目与他人相比。
② 挑食：对食物过分挑剔。偏食：只吃喜欢的食物。暴食：过量饮食。

饭前便后洗手，
防止细菌入口。
生病亲人担忧，
自己痛苦难受。

父母工作下班，
上前捶背揉肩。
虽然手小无力，
却能赢得心欢。

谷場小景 丁丑夏日劉勇畫於北京西山

父母批评指教，
恭听莫要争吵。
爹妈良苦用心，
都是为了你好。

心藏丑恶灵魂，
惹是生非祸根。
常存美好善念，
邪恶不入家门。

乌鸦长大反哺^①，
羔羊跪着吃乳。
人若不孝父母，
真乃禽畜不如。

平时难免争论，
遇事礼让三分。
对己注意补短，
待人冷处热心。

【注释】

① 反哺：出自《初学记·鸟部》："雏既壮而能飞兮，乃衔食而反哺。"鸟雏长大，衔食哺其母。后用以比喻子女长大奉养父母。

帮人助人济人，
友谊之花缤纷。
骗人害人坑人，
爹妈跟着丢人。

伙伴之间玩耍，
不要动辄打仗①。
你争我斗推搡，
容易两败俱伤。

【注释】

① 动辄：动不动就，常常。

童年的記憶 乙酉奇月劉為勇客居望雪城宜興手感而新

打架斗殴逞强，
后果必定遭殃。
自己身心受损，
父母脸上无光。

见到喜爱之物，
切莫暗生盗心。
染上偷摸恶习，
早晚进入牢门。

孝为百善之首，
父母恩情最深。
小儿成人之后，
赡养二老双亲[①]。

今日园圃小树[②]，
明朝祖国栋梁[③]。
高举智慧火炬，
点燃理想光芒。

【注释】

① 赡（shàn）养：子女对父母经济上供养，生活上照料，精神上慰藉。
② 园圃（pǔ）：栽种花木瓜果蔬菜的园子。
③ 栋梁：房屋的大梁。比喻担当重任的人。

二 父母篇

天下父母心同,
望子早日成龙。
孟母三迁教子①,
岳飞背刺精忠②。

宝宝问世初期,
幼教最佳时机。
人的精神大厦,
从小开始奠基③。

【注释】

① 孟母三迁:孟轲的母亲为选择良好的环境教育孩子,多次迁居。
② 精忠:文中指岳飞背上的"精忠报国"四个字,传说为其母所刺。也有说是"尽忠报国"。
③ 奠(diàn)基:打下建筑物的地基。文中指打下人生观、价值观的基础。

孩子调皮淘气，
有弊有利有益。
教子循循善诱①，
切莫拳打脚踢。

父母老了休嫌，
生我养我艰难。
我对父母怎样，
儿女效仿奉还。

【注释】

① 循循善诱：循循，有次序的样子；善，善于；诱，引导。指善于引导别人学习。

秋江垂釣圖 甲戌夏劉勇龜手亦作清閱希

夫妻吵架生嗔，
一时冲动离婚。
覆巢岂有完卵①，
可怜孩子单亲②。

教子谨防三瑕③，
曰假曰硬曰滑④。
莫用污秽之水⑤，
浇灌纯洁之花。

【注释】

① 覆巢：翻扣在地上的鸟巢。完卵：完好的鸟蛋。意思指鸟窝掉下树来倒扣在地上，怎么会有完好的鸟蛋。在此比喻孩子必然会受到家庭破碎的影响。
② 单亲：父母离婚后孩子只跟爸爸或妈妈生活。
③ 瑕（xiá）：缺点，瑕疵。
④ 假：不真诚，欺骗。硬：生硬。此处指疾言厉色，冲动发火。滑：言行不一。
⑤ 污秽（huì）：脏。

荷塘清韵 甲申暑月蜀人勇先于青羊心闲听雨轩

盼子早日成才,
需要适度关爱。
倘若用钱鼓励①,
谨防沦为买卖②。

睡觉为儿铺床,
三餐端菜端汤。
望儿将来尽孝,
却成懒惰儿郎。

【注释】

① 倘若:假如。
② 沦为:变成,成为,含有贬义色彩。

父母当面教子，
意见最好相同。
倘若意见相悖①，
孩子无所适从。

父母生气怒吼，
孩子心里发抖。
心平气和交流②，
成为孩子朋友。

【注释】

① 相悖（bèi）：相反，不相同。
② 心平气和：心情平静，态度温和。指不急躁，不生气。

育子第一要义，
教其如何做人。
孝敬爹妈长辈，
学会知恩报恩。

易来易去云雨，
易熏易染童心①。
长辈一言一行，
直接影响儿孙。

【注释】

① 熏：气味或烟气接触物品，使沾上气味或变颜色。引申为长期接触的人或事物对品行、习惯的影响，如熏染、熏陶。

清風圖

小孩动手打架，
家长莫要帮腔。
当面互赔不是①，
回家各训儿郎②。

育才切勿超前，
启智顺其自然。
若要揠苗助长③，
留下灰色童年。

【注释】

① 互赔不是：互相道歉，请求对方原谅。
② 儿郎：即指孩子。
③ 揠（yà）苗助长：揠，拔起。把苗拔起，帮助其生长，后用来比喻违反事物的发展规律，急于求成，反而坏事。也作"拔苗助长"。

教子晓之以理①,
打骂必伤感情。
棒下难有孝子,
礼教易出精英。

桌上美食佳肴②,
盘盘来之不易。
杜绝浪费恶习③,
美德传给儿女。

【注释】

① 晓之以理:给对方讲道理让对方明白。
② 佳肴(yáo):精美可口的饭菜。
③ 杜绝:堵塞、断绝、禁止。

父母怒气填膺①,
打儿没重没轻。
当时只图痛快,
过后自家心疼。

家有千亩荒原,
不如一亩良田。
家有钱财万贯②,
不如出个好汉。

【注释】

① 怒气填膺（yīng）：膺指胸，意为怒气充满胸中，常见词还有义愤填膺。
② 万贯：贯，古代的钱的单位，旧时用绳索穿钱，每一千文为一贯。万贯是固定词组，形容钱财极多。

奢靡易出愚子[①],
勤俭孕育高贤[②]。
七分在于身教[③],
三分在于遗传。

【注释】

① 奢靡（shēmí）：奢侈浪费，挥霍无度。愚子：愚痴顽劣的孩子。
② 高贤：品德高尚的人。
③ 身教：以实际行动做榜样。

三　学校篇

雪莲生于峭壁，
青松长在高山。
品德源于父母，
知识来自校园。

惜春要趁春早，
看花莫待花老。
少年岁月流金，
莫随浑水冲掉。

三　学校篇

三月風

乙酉春暖花開萬物復甦
劉勇寫于晚虹延魚莉夕聽雨軒

春蚕巧织锦绣,
红烛点燃心灵[①]。
满园桃李春色,
感恩老师终生。

学校第二家庭,
同学兄弟姐妹。
不比吃喝玩乐,
只比德智体美[②]。

【注释】

① 春蚕、红烛:此处比喻老师。语出自李商隐的七律《无题》:"春蚕到死丝方尽,蜡炬成灰泪始干",后人经常以此赞美教师的高尚品德。

② 德智体美:德,德育是培养学生正确的人生观、价值观,培养学生具有良好的道德品质和正确的政治观念,培养学生形成正确的思想方法的教育;智,智育是授予学生系统的科学文化知识、技能,发展他们的智力和与学习有关的非智力因素的教育;体,体育是授予学生健康的知识、技能,发展他们的体力,增强他们的体质,培养他们的意志力的教育;美,美育是培养学生的审美观,发展他们鉴赏美、创造美的能力,培养他们的高尚情操和文明素质的教育。

从小以书为宝，
学问天天入脑。
汲取知识甘泉①，
锄掉心中杂草。

认真温习功课，
老师提问不愁。
学完扔到脑后，
考试急得挠头②。

【注释】

① 汲（jí）：本义指从井中打水。汲取意为吸取、吸收。
② 挠头：形容事情为难，不好办。

心清自得詩書味 甲申秋月 劉勇于听雲軒

平时写字读书，
姿势注意端正。
切莫小小年纪，
鼻子架副眼镜。

借用别人物品，
用后及时归还。
还时别忘道谢①，
下次再借不难。

【注释】

① 道谢：向别人说出感谢的话。

经常打扫卫生，
干活切勿偷懒。
力气你若不用，
它也不会积攒。

对于贫困小友，
伸出温暖之手。
你对他人热心，
太阳跟着你走。

三　学校篇

杨柳青，甲申秋月刘勇于听雨轩

答卷不慌不忙，
处处考虑周详①。
粗心必然出错，
细心暗礁能防②。

倡导文明礼貌，
切忌口吐脏言。
善言善语相待，
切忌人骂你还。

【注释】

① 周详：周到细致。
② 暗礁：隐藏在水底下的礁石。文中指试卷里容易疏忽的试题。

学问苦中增添,
光阴闲中消减。
小时不爱读书,
将来后悔迟晚。

石埋千年化玉,
树长百年成材。
幸福不会天降,
苦尽才能甘来。

硕果 公元二千零肆年初春 刘勇 画

四　社会篇

珍惜优美环境，
相伴金色童年。
云淡风和日丽，
山清水秀天蓝。

养成节俭习惯，
罐中攒下零钱。
待到一方有难，
奉献爱心支援。

四 社会篇

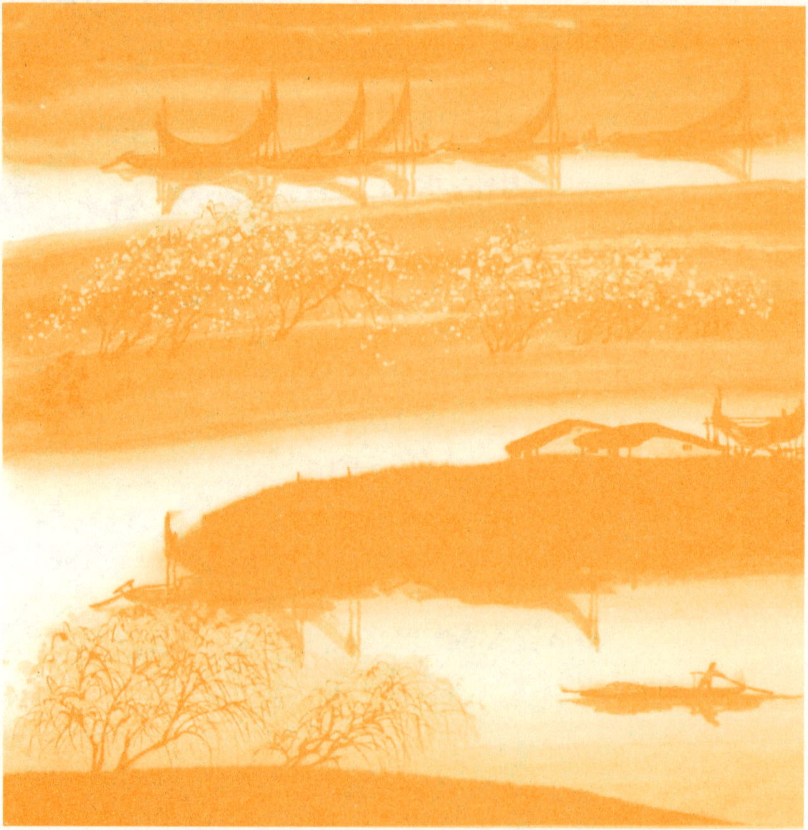

遇到野生动物，
莫因好奇害身。
自然生态美丽，
文明和谐共存。

马路车驰如电，
休要横穿乱窜。
宁走十步之远，
不抢一步之险。

四 社会篇

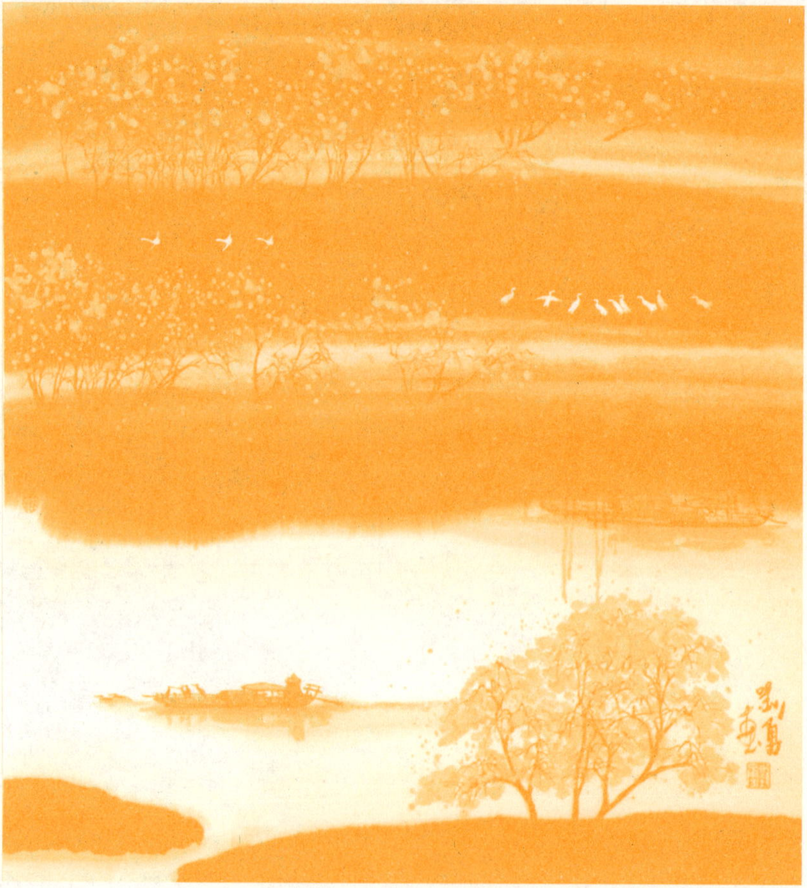

电子竞技游戏，
可以开发智力。
一旦上瘾沉迷，
于己有害无益。

牢记家庭住址，
不忘父母姓名。
倘若与亲走散，
说给好心人听。

一洞不堵船沉,
一念之差伤神。
一句流言伤友,
一脚不慎陷身。

童心诚实如宝,
众人都会夸好。
千万别说瞎话,
谎言人人都恼。

送子金山一座,
福兮祸兮难说①。
嘉德传给后代②,
利己利民利国。

少年既要遵规,
又要思想放飞。
倡导脱壳教育③,
经历雨打风吹。

【注释】

① 兮:文言助词,相当于现代的"啊"或"呀"。
② 嘉(jiā)德:美德。
③ 脱壳:本义指甲壳纲的生物在成长过程中脱去外壳的本能习性。文中借此引申为儿童要褪去娇惯的外壳,适当地经历一些挫折磨砺,有助于孩子今后的成长。

春風乙酉年初春月
劉勇寫于听雨軒

积德行善之人，
恰如春园之蒿①。
虽然不见生长，
日日有所增高。

梦想天真烂漫，
五光十色斑斓②。
世间行业千万，
行行都有状元③。

【注释】

① 蒿（hāo）：草本植物，花小，叶子羽状分裂，有特殊的气味。
② 斑斓：形容色彩纷杂绚丽。
③ 状元：古代科举考试中，殿试考取一甲（第一等）第一名的人。文中指在本领域、本行业中成绩最好的人。

脚下不走斜路，
嘴中不念歪经。
眼里贫富无异，
心底善恶分明。

人性有愚有贤，
明月有缺有圆。
善于改过自省，
天天进步向前。

远离污浊环境，
不与坏人结交。
凤凰一入鸦巢^①，
彩羽立沾黑毛。

有钱不可仗势，
有才莫要逞能。
傲慢令人厌恶，
虚心众人欢迎。

【注释】

① 凤凰：中国古代传说中的百鸟之王，雄性为凤，雌性为凰，合称凤凰。鸦巢：乌鸦的窝。

荷塘情韵　甲申岁末刘勇时居莲湖听雨轩

人若没有理想，
行舟缺少双桨。
人有美好理想，
腾飞插上翅膀。

从小牢记一言，
长大别做贪官。
轻者判刑入狱，
重者命丧黄泉。

四 社会篇

看人先看长处，
经常反省自身。
有错善于改正，
得理还须饶人。

助人先自量力，
临危巧运智谋。
君实砸缸救友[1]，
彦博灌穴浮球[2]。

【注释】

① 君实：北宋政治家、史学家、文学家司马光，字君实，幼时曾砸缸救出落入水缸的小伙伴。
② 彦博：文彦博，北宋著名宰相，年幼时曾往树洞里灌水取出皮球。

黄金本无足赤[①],
世上岂有完人[②]。
若能以德报怨,
自会将心比心。

人生道路漫长,
充满风雪冰霜。
踏着坎坷之路[③],
迈向生命辉煌。

【注释】

① 足赤：即足金，含金量为 100% 的纯金。
② 完人：指品德完美，从不犯错的人。
③ 坎坷：道路坑洼不平，常形容人生艰难，充满磨难。

附录一

小儿语

（明）吕得胜

四　言

一切言动　都要安详
十差九错　只为慌张

沉静立身　从容说话
不要轻薄　惹人笑骂

先学耐烦　快休使气
性躁心粗　一生不济

能有几句　见人胡讲
洪钟无声　满瓶不响

自家过失　不消遮掩
遮掩不得　又添一短

无心之失　说开罢手
一差半错　那个没有

宁好认错　休要说谎
教人识破　谁肯作养

要成好人　须寻好友
引酵若酸　那得甜酒

与人讲话　看人面色
意不相投　不须强说

当面证人　惹祸最大
是与不是　尽他说罢

造言起事　谁不怕你
也要堤防　王法天理

我打人还　自打几下
我骂人还　换口自骂

既做生人　便有生理
个个安闲　谁养活你

世间生艺　要会一件
有时贫穷　救你患难

饱食足衣　乱说闲耍
终日昏昏　不如牛马

担头车尾　穷汉营生
日求升合　休与相争

兄弟分家　含糊相让
子孙争家　厮打告状

强取巧图　只嫌不彀
横来之物　要你承受

六　言

儿小任情骄惯　大来负了亲心
费尽千辛万苦　分明养个仇人

世间第一好事　莫如救难怜贫
人若不遭天祸　舍施能费几文

乞儿口干力尽　终日不得一钱
败子羹肉满桌　吃著只恨不甜

蜂蛾也害饥寒　蝼蚁都知疼痛
谁不怕死求活　休要杀人害命

自家认了不是　人可不好说你
自家倒在地下　人再不好跌你

气恼他家富贵　畅快人有灾殃
一些不由自己　可惜坏了心肠

杂　言

老子终日浮水　儿子做了溺鬼
老子偷瓜盗果　儿子杀人放火

休著君子下看　休教妇人鄙贱

人生丧家亡身　言语占了八分

任你心术奸险　哄瞒不过天眼

使他不辨不难　要他心上无言

人言未必皆真　听言只听三分

休与小人为仇　小人自有对头

干事休伤天理　防备儿孙辱你

你看人家妇女　眼里偏好
人家看你妇女　你心偏恼

恶名儿难揭　好字儿难得

大嚼多噎　大走多蹶

为人若肯学好　羞甚担柴卖草
为人若不学好　夸甚尚书阁老

慌忙到不得济　安详走在头地

话多不如话少　语少不如语好

小辱不肯放下　惹起大辱倒罢

天来大功　禁不得一句自称

海那深罪　禁不得双膝下跪

一争两丑　一让两有

附录二

续小儿语

（明）吕坤

四 言

心要慈悲　事要方便
残忍刻薄　惹人恨怨

手下无能　从容调理
他若有才　不服事你

遇事逢人　豁绰舒展
要看男儿　须先看胆

休将实用　费在无功
蝙蝠翅儿　一般有风

一不积财　二不结怨
睡也安然　走也方便

要知亲恩　看你儿郎
要求子顺　先孝爷娘

别人情性　与我一般
时时体悉　件件从宽

都见面前　谁知脑后
笑著不觉　说著不受

人夸偏喜　人劝偏恼
你短你长　你心自晓

卑幼不才　瞒避尊长
外人笑骂　父母夸奖

仆隶纵横　谁向你说
恶名你受　暗利他得

从小做人　休坏一点
覆水难收　悔恨已晚

贪财之人　至死不止
不义得来　付与败子

都要便宜　我得人不
亏人是祸　亏己是福

怪人休深　望人休过
省你闲烦　免你暗祸

正人君子　邪人不喜
你又恶他　他肯饶你

好衣肥马　喜气扬扬
醉生梦死　谁家儿郎

今日用度　前日积下
今日用尽　来日乞化

无可奈何　须得安命
怨叹躁急　又增一病

仇无大小　只恐伤心
恩若救急　一芥千金

自家有过　人要说听
当局者迷　旁观者醒

丈夫一生　廉耻为重
切莫求人　死生有命

要甜先苦　要逸先劳
须屈得下　才跳得高

白日所为　夜来省己
是恶当惊　是善当喜

人誉我谦　又增一美
自夸自败　还增一毁

害与利随　祸与福倚
只个平常　安稳到底

怒多横语　喜多狂言
一时褊急　过后羞惭

人生在世　守身实难
一味小心　方得百年

慕贵耻贫　志趣落群
惊奇骇异　见识不济

心不顾身　口不顾腹
人生实难　何苦纵欲

才说聪明　便有障蔽
不著学识　到底不济

威震四海　勇冠三军
只没本事　降伏自心

矮人场笑　下士涂说
学者识见　要从心得

读圣贤书　字字体验
口耳之学　梦中吃饭

男儿事业　经纶天下
识见要高　规模要大

待人要丰　自奉要约
责己要厚　责人要薄

一饭为恩　千金为仇
薄极成喜　爱重成愁

鼷鼠杀象　蜈蚣杀龙
蚁穴破堤　蝼孔崩城

意念深沉　言辞安定
艰大独当　声色不动

相彼儿曹　乍悲乍喜
小事张皇　惊动邻里

分卑气高　能薄欲大
中浅外浮　十人九败

坐井观天　面墙定路
远大事业　休与共做

冷眼观人　冷耳听话
冷情当感　冷心思理

理可理度　事有事体
只要留心　切莫任己

六　言

修寺将佛打点　烧钱买免神明
灾来鬼也难躲　为恶天自不容

贫时怅望糟糠　富日骄嫌甘旨
天心难可人心　那个知足饿死

苦甜下咽不觉　是非出口难收
可怜八尺身命　死生一任舌头

因循惰慢之人　偏会引说天命
一年不务农桑　一年忍饥受冻

天公不要房住　神道不少衣穿
强似将佛塑画　不如救些贫难

世上三不过意　王法天理人情
这个全然不顾　此身到处难容

责人丝发皆非　辨己分毫都是
盗跖千古元凶　盗跖何曾觉自

柳巷风流地狱　花奴胭粉刀山
丧了身家行止　落人眼下相看

只管你家门户　休说别个女妻
第一伤天害理　好讲闺门是非

人侮不要埋怨　人羞不要数说
人极不要跟寻　人愁不要喜悦

大凡做一件事　就要当一件事
若是苟且粗疏　定不成一件事

少年志肆心狂　长者言必偏恼
你到长者之时　一生悔恨不了

改节莫云旧善　自新休问昔狂
贞妇白头失守　不如老妓从良

自家痛痒偏知　别个辛酸那觉
体人须要体悉　责人慎勿责苛

快意从来没好　拂心不是命穷
安乐人人破败　忧勤个个亨通

儿好何须父业　儿若不肖空积
不知教子一经　只要黄金满室

君子名利两得　小人名利两失
试看往古来今，惟有好人便益

厚时说尽知心　堤防薄后发泄
恼时说尽伤心　再好有甚颜色

事到延挨怕动　临时却恁慌忙
除却差错后悔　还落前件牵肠

往日真知可惜　来日依旧因循
若肯当年一苦　无边受用从今

东家不信阴阳　西家专敬风水
祸福彼此一般　费了钱财不悔

德行立身之本　才识处世所先
孟浪痴呆自是　空生人代百年

谦卑何曾致祸　忍默没个招灾
厚积深藏远器　轻发小逞凡才

俭用亦能穀用　要足何时是足
可怜惹祸伤身　都是经营长物

未来难以预定　算穀到头不穀
每事常余二分　那有悔的时候

火正灼时都来　火一灭时都去
炎凉自是通情　我不关心去住

何用终年讲学　善恶个个分明
稳坐高谈万里　不如踬踣一程

万古此身难再　百年转眼光阴
纵不同流天地　也休涴了乾坤

世上第一伶俐　莫如忍让为高
进屦结袜胯下　古今真正人豪

学者三般要紧　一要降伏私欲
二要调驯气质　三要跳脱习俗

百尺竿头进步　钻天巧智多才
饶你站得脚稳　终然也要下来

莫防外面刀枪　只怕随身兵刃
七尺盖世男儿　自杀只消三寸

杂 言

创业就创干净　休替子孙留病

童生进学喜不了　尚书不升终日恼

若要德业成　先学受穷困
若要无烦恼　惟有知足好
若要度量长　先学受冤枉
若要度量宽　先学受懊烦

十日无菽粟　身亡
十年无金珠　何伤

事只五分无悔　味只五分偏美

老来疾痛　都是壮时落的
衰后冤孽　都是盛时作的

见人忍默偏欺　忍默不是痴的

鸟兽无杂病　穷汉没奇症

闻恶不可就恶　恐替别人泄怒

休说前人长短　自家背后有眼

湿时捆就　断了约儿不散
小时教成　殁了父兄不变

说好话　存好心
行好事　近好人

算计二著现在　才得头著不败

君子口里没乱道　不是人伦是世教

君子脚跟没乱行　不是规矩是准绳

君子胸中所常体　不是人情是天理

好面上灸个疤儿　一生带破

白衣上点些墨儿　一生带涴

恩怕先益后损　威怕先松后紧

饥勿使耐　饱勿使再

热勿使汗　冷勿使颤

未饥先饭　未迫先便

久立先养足　久夜先养目

清心寡欲　不服四物
省事休嗔　不服四君

酒少饭淡　二陈没干
慎寒谨风　续命无功

线流冲倒泰山　休为恶事开端

才多累了己身　地多好了别人

白首贪得不了　一身能用多少

趁心要休欢喜　灾殃就在这里

　未须立法　先看结煞

休与众人结仇　休作公论对头

　做第一等人　干第一等事
　说第一等话　抱第一等识

欺世瞒人都易　惟有此心难昧

暗室虽是无人　自身怎见自身

兰芳不厌谷幽　君子不为名修

　触龙耽怕　骑虎难下

焚结碎环　这个不难
解环破结　毕竟有说

无忽久安　无惮初难

处世怕有进气　为人怕有退气

乘时如矢　待时如死

毋贱贱　毋老老
毋贫贫　毋小小

欲心要淡　道心要艳

上看千仞　不如下看一寸
前看百里　不如后看一鞭

将溢未溢　莫添一滴
将折未折　莫添一搦

无束燥薪　无激愤人

辩者不停　讷者若聋
辩者面赤　讷者屏息
辩者才住　讷者一句
辩者自惭　讷者自谦

积威不论从违　积爱不论是非

一子之母余衣　三子之母忍饥

世情休说透了　世事休说觳了

盼望也不来　空劳盼望怀
愁惧也须去　多了一愁惧

贪吃那一杯　把百杯都呕了
舍不得一金　把千金都丢了

怪人休怪老了　爱人休爱恼了

侵晨好饭　算不得午后饱
平日恩多　抵不得临时少

祸到休愁　也要会救
福来休喜　也要会受

不怕骤　只怕辏
不怕一　只怕积

声休要太高　只是人听的便了
事休要做尽　只是人当的便好

要吃亏的是乖　占便宜的是呆

雨后伞　不须支
怨后恩　不须施

人欺不是辱　人怕不是福

刚欲杀身不顾　柔欲杀身不悟

当迟就要宁耐　当速就要慷慨

回顾莫辞频　前人怕后人

歇事难奋　玩民难振

穷易过　富难享

宁受疼　莫受痒

一向单衫耐得冻　乍脱绵袄冻成病

无医枯骨　无浇朽木

附录三

心语甘露启童蒙

周铁强

中国历史上,《三字经》、《百家姓》、《千字文》、《弟子规》是流传最广、影响最大、最具有代表性的儿童启蒙读物。在以上几本蒙学经典的光环下,《小儿语》这本启蒙小书鲜为今人所知,颇有明珠蒙尘之憾。《小儿语》为明代吕得胜所著,包括四言、六言、杂言部分。其子吕坤定义此书:"为诸生家言,则患其不文。为儿曹家言,则患其不俗。"如果我们换个角度来看,把"不文不俗"看作"雅俗共赏"亦无不可。

今天我们重新审视这些蒙学经典,无论是"三百千"还是《小儿语》,都不可避免地带有历史时代的印记。于是乎,传诵了千百年的启蒙读物结束了它们的历史使命,被束之高阁,然而我们却少有东西来填补儿童启蒙读物的空白。虽然幼儿教育体制、教育结构、教育内容不断地改革翻新,但仔细观察会发现,其中似乎少了一些理性思维,多了一些浮躁心态。在此情况下,与文学艺术、思想品德教育打了一辈子交道的老领导高占祥先生以高度的爱国热情,凭借数十年积累下来的育人经验,自发地投身于青少年教育事业,先后出版了《新三字经》、《新弟子规》等儿童启蒙读物,在社会上引起强烈反响,好评如潮,如今已在多省市小学中普及推广。如今，年近八旬的高占祥先生依然笔耕不辍，再出蒙学著作《新小儿语》，这份执着、这份坚韧尤令人感动。

笔者有幸跟在高占祥先生身边打理一些文字工作，与高占祥先生接触越多，景仰和崇敬之心越盛。这位充满亲和力的老人身上有着太多值得年轻人学习的闪光点，他永不停息的创作精神，严谨的治学态度，对文字的完美追求，常常令我这个后辈感到汗颜。笔者见证了《新小儿语》的成书过程，可以说和前几本启蒙读物既有相同点，又有不同之处。相同的是都倾注了高占祥先生的心血，融进了他近些年来的教育思考和教育心得，吸收了当前国内外新鲜的教育理念，延续传承了传统文化的脉络精髓，富有时代精神；不同的是高占祥先生在《新小儿语》的语言风格上再一次突破，同时尽量避免了与他创作的前几本儿童启蒙读物在内容上的重复。

高占祥先生虽已近耄耋之年，却仍善于学习和创新，有着敏锐的观察力和前瞻性。笔者对《新小儿语》中一段印象颇深：

　　育才切勿超前，启智顺其自然。
　　若要揠苗助长，留下灰色童年。

这段儿语的观点反当今各类"智力开发"、"神童教育"的论调而行之，其洞察力让人佩服。越来越多的事实证明，人为强化培养的"神童"随着年龄的增长逐渐"泯然众人矣"，成为现代版的仲永。非但如此，甚至有些"神童"在家长的严厉管教下形成了性格缺陷，孤僻、自闭，不能正常与人交往，成为人生中不可弥补的缺陷。高占祥先生倡导的"启智顺其自然"是十分科学合理的观点，万事万物都有其特定的规律，如种庄稼要遵循春播夏长、秋收冬藏的时令节序。儿童教育也是如此，若把教育孩子的成语故事"揠苗助长"用到孩子身上，必将适得其反，欲速则不达。

《新小儿语》参照了原著的语言形式，统一用六言句式行文，每四句作为一段。虽冠名为"新小儿语"，其中包含的道理却不小。高占祥先生创作时不断地转换视角，或直接对孩子进行谆谆教诲，或告诉父母如何教育子女，或站在孩子的角度向父母诉说心声，又或呼吁社会正确关爱儿童。高占祥先生写此书的过程是一个不断修改、不断增删的过程。每一段文字，他都反复斟酌推敲，力求尽善尽美。例如《新小儿语》的初稿中曾有下面这段：

路遇稀奇玩具，莫向父母纠缠。

纵然花钱买下，不过一时新鲜。

数日后笔者再次整理时发现这段已经被高占祥先生删去了。笔者感觉这一段并无不妥，于是怀着好奇的心情请教原因。高占祥先生如是回答："我开始写这段时是站在父母的立场上，希望孩子能听话懂事，不向父母讨要玩具。后来左思右想，一件玩具就能满足孩子的渴望与梦想，为孩子带来欣喜和快乐，甚至可以启迪孩子的智慧，这远远超过了玩具本身的价值……"笔者听后不由感叹高占祥先生心思缜密，能全面看待事物。抱着这样的态度和思路去写书，使《新小儿语》从根本上有别于那些道学先生说教类的著作。

某报社采访高占祥先生时，曾问了一个很多人都想问的问题：您为什么在晚年仍坚持不懈为少年儿童撰写《新三字经》、《新弟子规》一类的新蒙学读物？高占祥先生回答道："少年儿童是祖国未来的建设者和接班人，少年强则中国强。我很早以前就有一个梦想——启蒙教育梦。从我在团中央工作与大家共同倡导'五讲四美'并在全国范围内推广开始，到后来'德艺双馨'的提出，一直到现在，这个梦时刻萦绕在我心头。以前为青少年写了《处世歌诀》、《人生歌谣》、《人生漫步》、《人生镜语》等等，但总觉得内容庞杂，没有一个清晰的脉络。后来借鉴古人启蒙教育的形式，写了《新三字经》，收到了良好的效果。于是我便有了写'新启蒙教育丛书'的想法。只要我还能拿起笔，我就将继续写下去……"

高占祥先生的回答无疑是令人感动的。"少年强则中国强"，这位老人以睿智的眼光看到了强国的根源所在，用手中的笔去托起民族复兴之梦，用实际行动向人们诠释生命的意义、人生的价值。《新小儿语》不是高占祥先生启蒙教育系列的开始，也不是终结，只是他用智慧化成的一场新甘露，滋润着幼苗的成长。笔者相信，《新小儿语》的出版必将为儿童启蒙读物再添一笔浓墨重彩。